Una osera para Bei Bei

Joseph Otterman

Smithsonian

árboles

hamaca

rocas

pasto

mural

nieve

pelota

cámaras

DESAFÍO DE CTIAM

El problema

¡Bei Bei necesita una hamaca! ¿Puedes construir una para él?

Los objetivos

- Tu hamaca debe servir para un animal de peluche.
- Debe estar colgada, sin tocar el suelo.
- Debe sostener al animal al menos dos minutos.

1 Investiga y piensa ideas

Aprende sobre Bei Bei.

2 Diseña y construye

Dibuja tu plan. ¡Construye tu hamaca!

3 Prueba y mejora

Pon un animal de peluche en la hamaca. Luego, trata de mejorar tu hamaca.

4 Reflexiona y comparte

¿Qué aprendiste?

Asesoras

Amy Zoque
Coordinadora y asesora didáctica de CTIM
Escuela Vineyard de CTIM
Distrito Ontario Montclair

Siobhan Simmons
Escuela primaria Marblehead
Distrito Escolar Unificado Capistrano

Créditos de publicación

Rachelle Cracchiolo, M.S.Ed., *Editora comercial*
Conni Medina, M.A.Ed., *Redactora jefa*
Diana Kenney, M.A.Ed., NBCT, *Realizadora de la serie*
Emily R. Smith, M.A.Ed., *Directora de contenido*
Véronique Bos, *Directora creativa*
Robin Erickson, *Directora de arte*
Stephanie Bernard, *Editora asociada*
Caroline Gasca, M.S.Ed., *Editora superior*
Mindy Duits, *Diseñadora gráfica superior*
Walter Mladina, *Investigador de fotografía*
Smithsonian Science Education Center

Créditos de imágenes: portada, pág.1, pág.3, pág.18, pág.20 ©Smithsonian; pág.7, pág.11 Rebecca Hale/National Geographic; pág.9 Tim Brown/Alamy; pág.13 Ann Batdorf/Smithsonian's National Zoo; pág.15 AP Photo/Jose Luis Magana; pág.17 Matt McClain/The Washington Post a través de Getty Images; todas las demás imágenes cortesía de Shutterstock.

Library of Congress Cataloging-in-Publication Data

Names: Otterman, Joseph, 1964- author.
Title: Una osera para Bei Bei / Joseph Otterman, Smithsonian Institution.
Other titles: Den for Bei Bei. Spanish
Description: Huntington Beach, CA : Teacher Created Materials, [2020] | Audience: Grades K-1
Identifiers: LCCN 2019041258 (print) | LCCN 2019041259 (ebook) | ISBN 9780743925372 (paperback) | ISBN 9780743925525 (ebook)
Subjects: LCSH: Giant panda--Housing--Juvenile literature. | Zoo animals--Juvenile literature. | Hammocks--Juvenile literature.
Classification: LCC QL737.C27 O8918 2020 (print) | LCC QL737.C27 (ebook) | DDC 599.789--dc23

Smithsonian

Teacher Created Materials
5301 Oceanus Drive
Huntington Beach, CA 92649-1030
www.tcmpub.com
ISBN 978-0-7439-2537-2